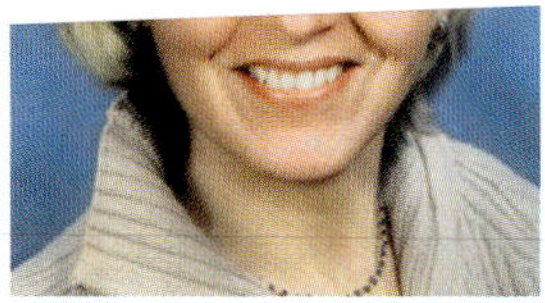

Petra Boniberger

Dorotheé Vogler

Liebe Leserin,
lieber Leser!

Flattert Ihnen eine Einladung zur Hochzeit ins Haus, ist die Freude groß, gleichzeitig stellt sich aber die Frage: Was soll ich schenken? In der heutigen Zeit leben die Partner meist schon längere Zeit zusammen, ehe sie sich „trauen", und verfügen bereits über einen Hausstand. Sie freuen sich am meisten über Bares, mit dem sie sich ihre Wünsche selbst erfüllen können.

So sind Geldgeschenke äußerst willkommen. Jetzt fehlt Ihnen nur noch eine zündende Idee, wie Sie Ihre Gabe „schön verpackt" schenken können. Dazu wollen wir Ihnen in diesem Buch einige Anregungen geben. Ihre eigene Kreativität ist allerdings immer gefragt. Und eines ist sicher: Die nächste Einladung zu einer Hochzeit kommt schneller, als Sie denken.

Viel Spaß wünschen Ihnen

Petra Boniberger D. Vogler

Inhaltsverzeichnis

Material und Hilfsmittel

Werkzeug

Für die meisten Bastelarbeiten mit Papier benutzen Sie am besten eine mittelgroße, spitze Schere. Mit einem Metalllineal und einem Cutter (Schneidemesser) können Sie gerade Linien schneiden. Bitte vergessen Sie hier die Schneideunterlage (eine Schneidematte oder einen starken Karton) nicht. Die Kanten, an denen ein Karton gefaltet werden soll, werden mit einem Falzbein oder einer Stricknadel vorgeritzt. Außerdem sollten Sie eine Lochzange griffbereit haben. Ein Bleistift und ein Zirkel zum Vorzeichnen von Rundungen sind ebenfalls hilfreich.

Klebstoff

Wellpappe, Pappe und Papier lassen sich hervorragend mit einem Alleskleber oder mit doppelseitigem Klebeband verkleben. Klebefilme haben gegenüber flüssigem Klebstoff den Vorteil, dass sie sofort kleben und das Papier nicht aufweichen. Für manche Bastelarbeiten mit Papier reicht allerdings auch ein Klebestift aus. Wollen Sie Dekorationsmaterial befestigen, verwenden Sie am besten eine Heißklebepistole. Münzen können Sie mit Klebefilm und mit Heißkleber befestigen. Geldscheine sollten Sie mit Klebefilm fixieren, dieser lässt sich leicht wieder lösen und der Schein bleibt unbeschädigt. Rollen Sie hierfür ein Stück Klebeband mit der klebenden Seite nach außen. Mit diesem Kleberöllchen können Sie den Geldschein nun ankleben.
Ein Klebepad oder ein Klebekissen kann hier ebenfalls verwendet werden.

Papiere

Wellpappe, Tonpapier und Ton- oder Fotokarton erhalten Sie sowohl einfarbig als auch mit verschiedensten Motiven. Transparentpapier ist praktisch, um Motive zu übertragen.

Farben

Es gibt eine Vielzahl von Farben, die Sie – je nach Untergrund – verwenden können: Bastel- oder Plakatfarben und Filz- und Buntstifte für Karton und Papier; Acrylfarben für Papier, Pappe, Holz und andere Materialien. Lackstifte eigenen sich hervorragend zur Verzierung und Beschriftung vieler unterschiedlicher Untergründe.

Beschriftungen

Selbstklebende Ziersticker mit Schriftzug sind ganz einfach aufzubringen. Sie können natürlich auch selbst schreiben, z. B. mit Filzstiften, Kalligrafiefüller, Gelstiften mit Metallic-Effekten, Glitterpen u.v.m. Ein Schriftstempel und ein Computerausdruck erfüllen denselben Zweck.

Accessoires

Bei der Dekoration eines Geschenkes sind der Fantasie keine Grenzen gesetzt. In Bastelgeschäften gibt es eine Fülle an wunderschönen Bändern und Schleifen, Federn, Glimmer- und Glanzsternchen und -steinchen.

Vorlagen übertragen

Grundmaterial

- *Transparentpapier*
- *Graphitpapier oder Wachspapier (Spezial-Pauspapier)*
- *Bleistift und Kugelschreiber*
- *Cutter*
- *Schere*
- *evtl. Klebestreifen, Büroklammern*
- *alternativ Sprühkleber*

1

1. Das Transparentpapier über das ausgesuchte Motiv auf den Vorlagenbogen legen und mit Bleistift alle Konturen nachzeichnen oder die Vorlage auf die gewünschte Größe kopieren.

2

2. Legen Sie das Wachs- oder Graphitpapier zwischen das Transparentpapier bzw. die Kopie und den entsprechenden Untergrund. Drücken Sie die Linien mit einem Kugelschreiber durch. Dabei ist es hilfreich, die Schichten mit Büroklammern oder Klebestreifen zu fixieren. Wenn Sie die Kopie vorher grob zuschneiden, können Sie das Motiv genauer platzieren.

3

3. Eine sehr unkomplizierte Alternative ist die Verwendung von Kopien und Sprühkleber: Sprühen Sie die Kopie der Vorlage ganz leicht ein und kleben Sie sie auf den Karton. Schneiden Sie dann beides zusammen mit der Schere oder dem Cutter aus. Wenn Sie ein Motivteil mehrfach benötigen, können Sie die eingesprühte Kopie wieder abziehen und erneut verwenden. Der Sprühkleber hinterlässt keine Spuren.

Lustiges Hochzeitspaar

1. Den Tapetenkleister nach Herstellerangabe anrühren. Die Herzen auf die Holzspieße stecken und mit Strohseidenpapier verkleiden, siehe „Ein herziges Duo", Seite 28, Punkt 1.

2. Den Hemdausschnitt in Weiß, den Halsausschnitt in Hautfarbe aufmalen. Die Herzen mit Rot bemalen, trocknen lassen. Mit dem Lackmalstift die schwarzen Knöpfe aufsetzen. Hände und Füße bemalen, trocknen lassen.

3. Die Wattekugeln auf Holzspieße stecken hautfarben bemalen, trocknen lassen. Die kleinen Wattekugeln als Nasen auf die Köpfe kleben. Mit dem Holzspieß die schwarzen Augenpunkte setzen und mit dem Pinsel den Mund aufmalen. Die Mundwinkel mit einem Punkt abschließen. Mit dem Farbstift die Bäckchen betonen. Ein paar Kunsthaarlocken auf die Köpfe kleben. Dem Bräutigam den Zylinder aufkleben. Die Spieße (Hälse) hautfarben bemalen, nach Vorlage kürzen, mit Heißkleber in die Herzen stecken.

4. Arme und Beine nach Vorlage aus Aludraht zuschneiden. Mit dem Nagelbohrer die Herzen vorbohren. Arme und Beine mit Kleber in die Bohrungen stecken. Die Arme in Form biegen. Die Holzhände und -füße mit Kleber befestigen. Aus dem Satinband kleine Schleifen binden und auf die Füße kleben.

5. Acht Röschen zu einem Strauß binden, straff mit dünnem Basteldraht, dann mit Geschenkband umwickeln und mit Heißkleber zwischen den Händen fixieren.

6. Für den „Brautschleier" den Geldschein zuerst längs in der Mitte und danach zu einer Ziehharmonika falten, in der Mitte knicken und dort mit dem dünnen Draht straff umwickeln. Dann mit Satinband umbinden und mit einem Klecks Heißkleber hinten an den Kopf kleben. Für die „Fliege" den Geldschein in der Mitte quer und dann zu einer Ziehharmonika falten. In der Mitte zusammenfassen und straff mit Draht, dann mit Band umwickeln und vorn aufkleben.

Material

- *2 Styropor-Herzen, bauchig, 5 x 7 cm*
- *2 Wattekugeln, Ø 25 mm*
- *2 Wattekugeln, Ø 8 mm*
- *4 Holzhände, 10 x 18 mm*
- *4 Holzfüße, 25 x 20 mm*
- *Mini-Kunsthaarlocken, blond*
- *1 Velour-Zylinder, 20 mm hoch*
- *Aludraht in Silber, 2 mm*
- *Satinröschen, 8 mm, in Altrosa, Rot und Weinrot*
- *Satinband, 3 mm breit, in Rot*
- *Strohseidenpapier in Weiß*
- *Acrylfarbe in Zinnoberrot, Weiß, Hautfarbe und Schwarz*
- *Pinsel, rund, Nr. 10 und 1*
- *Lackmalstift, 2 mm, in Schwarz*
- *Farbstift in Rot*
- *Tapetenkleister, Holzspieße, Heißklebepistole*
- *Schere, dünner Basteldraht, Nagelbohrer*
- *2 Geldscheine*

Vorlage 1, Bogen A

Für den Lebensbaum

1. Jeweils ein Stück Blumendraht von 20 bis 25 cm Länge abschneiden, die Perlen mittig aufreihen und den Draht danach zu einer Herzform in gewünschter Größe biegen. Die beiden Drahtenden dabei miteinander verdrehen.

2. Die jeweils passenden Satinbänder in gewünschter Länge zuschneiden und unten an die Drahtherzen knoten.

3. Die Tauben, die Herzen und die Klammern dekorativ in die Erde stecken. Geldscheine falten und in den Klammern befestigen.

4. Einen Streifen aus dem roten Fotokarton zuschneiden. Ein etwas kleineres Stück aus weißem Papier schneiden und auf den roten Streifen kleben. Den Hochzeitsspruch aufschreiben oder mit dem Computer ausdrucken. Dann das Schild mit Klebekissen am Topf anbringen

Tipp: *Auf den Blumendraht Perlen aufreihen und den Draht zu einer Blüte formen. Mehrere unterschiedliche Blüten herstellen und diese dekorativ in die Erde stecken. Hier können auch verschiedenfarbige Perlen ganz nach Geschmack zum Einsatz kommen.*

Material

- *Bonsaibäumchen*
- *Rocailles, Ø 2,5 mm, in Weiß und Rot*
- *2 Metallklammern mit Stab*
- *2 weiße Tauben, ca. 5 cm groß*
- *Satinband, 3 mm breit, in Weiß und Rot*
- *Fotokarton in Rot*
- *weißes Papier*
- *Zange, Blumendraht*
- *Klebekissen*
- *2 Geldscheine*

Für den gemeinsamen Lebensweg

Eine tolle Überraschung

Vorderseite

1. Das große Herz mit dem Transparentpapier von der Vorlage auf den Filz übertragen und ausschneiden. Den Herzrand mit weißen Wachsperlen besticken. Nun auf dem Herz ein kleineres Herz aus weißem Tonpapier und darauf den Metallsticker fixieren.

2. Ein Quadrat aus dem Transparentpapier mit Herzen (ca. 12 x 12 cm) ausschneiden, mittig auf die Vorderseite des Leporellos kleben und das Filzherz darauf anbringen.

3. In die Ecken des Transparentpapiers vier Dreiecke aus rotem Tonpapier kleben und die weißen ausgestanzten Herzen mit den Klebekissen dekorativ aufsetzen.

Innenseiten

1. Für jede Seite des Leporellos nach Vorlagenbogen je ein Herz aus rotem Filz sowie aus Transparentpapier mit Herzen ausschneiden. Nach Wunsch beliebig viele Herzen in Weiß und Rot aus dem Tonpapier ausstanzen.

2. Im Abstand von 5 cm vom unteren Kartenrand einen ca. 4 cm langen, waagrechten Schnitt setzen und 1,5 cm darüber nochmals 4 cm lang einschneiden. Es ist nun eine Lasche entstanden, durch die ein gefalteter Geldschein gezogen werden kann. Auf der folgenden Seite diesen Arbeitsschritt wiederholen.

3. Die Herzen auf jeder Seite dekorativ einkleben. Die ausgestanzten Herzen bringen Sie am besten mit Klebekissen auf.

Material

- *1 Karte „Leporello"*
- *Filz mit Glitzer in Rot*
- *Metallsticker, Herz mit Perlen*
- *Transparentpapier mit Herzen*
- *Motivstanzer „Herz"*
- *Tonpapier in Rot und Weiß*
- *Wachsperlen, Ø 3 mm, in Weiß*
- *Transparentpapier*
- *Nadel und Faden*
- *Klebekissen, Alleskleber*
- *Schere, Cutter*
- *2 Geldscheine*

Vorlagen 2 a–e, Bogen A

ECB EZB EKT EKP

Zart verpackt

1. Das Holzkästchen mit der Acrylfarbe in Hellblau bemalen und trocknen lassen.

2. Auf den Golddraht abwechselnd Herzen und Perlen auffädeln. Den Draht nach jeder Perle bzw. aufgefädeltem Herz verdrehen, sodass diese nicht mehr verrutschen können. Danach eine Girlande daraus formen.

3. Die Säckchen mit dem Geld und den Mandeln befüllen und dekorativ mit einem Stück cremefarbenem Satinband verschließen.

4. Den blauen Dekosand in das Kästchen einfüllen, die Säckchen hineinlegen und darauf die Girlande dekorativ arrangieren.

5. Den Hochzeitsspruch auf Fotopapier schreiben oder drucken, zuschneiden und mit der Holzklammer an einem Säckchen befestigen. Zuvor 5 kleine Herzen ausstanzen und dekorativ auf dem Hochzeitsspruch verteilen.

Tipp: *Statt der Perlmutt-Schmuckknöpfe können auch Herzen aus Fotokarton oder Moosgummi eingesetzt werden. Die Herzen können dabei mithilfe eines Motivstanzers hergestellt werden.*

Material

- *Holzkästchen, 15 x 15 cm*
- *6 Organzasäckchen, 10 x 8 cm, in Creme*
- *Perlmutt-Schmuckknöpfe Herzform, Ø 20 mm*
- *Wachsperlen, Ø 4 – 5 cm, in Weiß*
- *Satinband, 3 mm breit, in Creme*
- *Schmuckdraht in Gold*
- *Acrylfarbe in Hellblau*
- *Pinsel, rund, Nr. 10*
- *Dekosand in Hellblau*
- *Fotopapier in Blau und Weiß*
- *weiße Zuckermandeln, Miniholzklammer*
- *Motivstanzer Herz*
- *Münzgeld und Geldscheine*

Dem lieben Brautpaar

In Geld baden

1. Die Kieselsteine mit Heißkleber rundherum auf den Steckschaum kleben. Die Seerosenblätter dekorativ darauf auslegen und ebenfalls mit Heißkleber fixieren.

2. Die Froschbraut bekommt zu beiden Seiten des Kopfes einen Schleier aus dem gerafften Schleierband und der Bräutigam erhält einen Zylinder, der wie der Schleier der Braut mit Heißkleber hinten am Kopf befestigt wird. Um den Hals des Bräutigams mit hellblauem Dekoband eine Schleife als Fliege binden.

3. Das Froschpaar mittig auf die Seerosenblätter setzen und mit Heißkleber darauf fixieren. Zwischen die beiden Frösche das Dekogras platzieren.

4. Den Metallstab der Klammer mit der Buchsbaumranke umwickeln. Den gefalteten Geldschein in der Klammer fixieren. Nun den Stab dekorativ in den Steckschaum setzen.

5. Die Geldstücke mit Heißkleber auf den restlichen Kieselsteinen fixieren und auf dem Boden der Glasschale verteilen. Anschließend Wasser in die Schale füllen.

6. Den Hochzeitsspruch auf das weiße Fotopapier schreiben oder drucken und in gewünschter Größe ausschneiden. Auf fliederfarbenes Fotopapier kleben und mit kleinem Rand ausschneiden. Nach Geschmack oder Abbildung ringsum mit einem farblich passenden Stift verzieren. Zusätzlich eine Stanzblüte aufkleben. Den Hochzeitsspruch mit Klebekissen außen am Glas anbringen.

Material

- *Glasschale, Ø 16 cm, 6 cm hoch*
- *Steckschaum, ca. 8 x 5 cm, 4 cm stark*
- *2 Frösche, 6,5 cm hoch*
- *1 Velourzylinder, 30 mm*
- *Dekogras*
- *1 Buchsbaumranke*
- *2 – 3 Seerosenblätter, Ø 11 cm*
- *Schleierband in Weiß (2 Rechtecke, 7 x 14 cm)*
- *Dekoband, 3 mm, in Hellblau*
- *1 Metallklammer mit Stab*
- *Fotopapier in Flieder und Weiß für den Hochzeitsspruch*
- *Kieselsteine*
- *Schere, Heißklebepistole, Klebekissen*
- *doppelseitiges Klebeband*
- *Münzgeld, Geldschein*

Zur Vermählung

Zwei Blütenherzen

1. Das Herz vom Vorlagenbogen auf die Pappe übertragen und ausschneiden.

2. Aus dem Dekogitter vier Drahtrechtecke in der Größe 10 x 15 cm abknipsen. Die vier Drahtrechtecke um die Herzvorlage herumbiegen, die Pappe entfernen und jeweils 2 herzförmige Gitter als Vorder- und Rückseite miteinander verbinden. Die verbundenen Gitterteile jeweils vorsichtig auseinanderziehen, sodass daraus zwei Herzen mit einem Hohlraum von ca. 3 cm entstehen.

3. Nun in diesen Hohlraum Dekostroh und Rosenblättern einfüllen und die Geldscheine hinter dem Dekogitter dekorativ und gut sichtbar anbringen, siehe Abbildung.

4. Zum Schluss jeweils ein Metallherz mit Schmuckdraht an der Herzspitze befestigen und das Hochzeitsband oben als Aufhänger in der Mitte der Herzform anbringen.

5. Den Hochzeitsspruch auf das Fotopapier drucken oder von Hand aufschreiben, ausschneiden und gut sichtbar in einem der Herzen anbringen, siehe Abbildung.

Material

- *Dekogitter, 10 cm breit*
- *Streublätter „Rosen", 3 – 4,5 cm, in Creme*
- *2 Herzen aus Metall, 3 cm, in Rot*
- *Hochzeitsband mit Eheringen, 2,5 cm breit*
- *Schmuckdraht in Silber*
- *Dekostroh in Weiß*
- *Fotopapier für den Hochzeitsspruch*
- *Pappe, Transparentpapier, Zange, Schere*
- *Geldscheine*

Vorlage 3, Bogen A

Für den gemeinsamen Lebensweg

Von Herzen

1. Zuerst den Keilrahmen mit Acrylfarbe in Weiß deckend grundieren und trocknen lassen. Den Vorgang gegebenenfalls nochmals wiederholen.

2. Nun den Rand des Rahmens wie auf dem Foto zu sehen, mit unregelmäßigen Rechtecken in Rot bemalen. Die Herzen nach Belieben mithilfe von Bleistift und Transparentpapier vom Vorlagenbogen auf den Keilrahmen übertragen und in Flieder und Dunkelrot ausmalen. Die Namen des Brautpaares auf den Keilrahmen schreiben und ebenfalls in Flieder und Rot ausgestalten. Rand und Herzen nach Wunsch mit Acrylfarbe in Gold verzieren, siehe Foto.

3. Das rot bemalte MDF-Herz mit Alleskleber auf dem Keilrahmen anbringen und die Ringe aufkleben.

4. Die beiden Metallherzen mit dem Schmuckdraht zu einer Girlande verbinden und auf dem Keilrahmen dekorativ mit Heißkleber fixieren.

5. Aus den vier Organzabändern eine Schleife binden, diese mit Heißkleber in der rechten oberen Ecke anbringen. Nun die Tauben ebenfalls mit Heißkleber oben auf, bzw. hinter der Schlaufe befestigen.

6. Zum Schluss Geldscheine zusammenrollen und an den dünneren Bändern befestigen.

Material

- *Keilrahmen, 30 x 40 cm*
- *2 Tauben, 8 cm groß*
- *2 Metallherzen in Rot*
- *Doppelringe, 25 mm*
- *MDF-Dekorherz mit Krone, 8 x 11 cm*
- *Organzaband, 5 mm und 4 cm, in Lavendel*
- *Organzaband mit Herzen, 5 cm, in Weiß*
- *Schmuckdraht in Gold*
- *Transparentpapier*
- *Acrylfarbe in Flieder, Metallic-Gold, Dunkelrot und Weiß*
- *Pinsel, Schere, Bleistift*
- *Heißklebepistole, Alleskleber*
- *Geldscheine*

Vorlagen 4 a–c, Bogen A

Paul
&
Marie

Fahrt ins Glück

1. Die Doppelkarte nach der Vorlage mit dem Cutter am Lineal entlang zuschneiden, falzen und knicken. Mit dem Transparentpapier die Motivteile, ebenfalls vom Vorlagenbogen, auf die glatte Rückseite des Glitzerkartons bzw. auf den Goldkarton übertragen und ausschneiden. Hierbei auch die später durch den Geldschein verdeckte, goldene Tür zuschneiden. Die gestrichelten Linien auf der Vorlagenzeichnung bezeichnen verdeckt liegende Teile. Den Bogenabschluss des Daches mit der Konturenschere schneiden. Für die Speichen Cutter und Lineal verwenden.

2. Den schmalen, goldenden Streifen unten auf die Karte kleben. Das Dach auf die Kutsche kleben und mit Klebezierstreifen versehen. Die beiden goldenen Wagenteile von hinten an die Kutsche, die beiden Ovale auf die Kutsche kleben. Die Gardinen aus Transparentpapier hinter das Fenster kleben.

3. Das Zaumzeug auf das Pferd kleben und mit den goldfarbenen Kreisen verzieren, siehe Foto. Beine und Schweif von hinten an das Pferd, Mähne und Hufe vorn aufkleben. Die Deichsel von hinten an der Kutsche anbringen. Nun das Motiv auf der Karte fixieren. Die Kreise auf die Speichen kleben und diese mit je einem Klebekissen auf der Karte befestigen.

4. Aus dem Satinband kleine Schleifen binden, diese mit etwas Heißkleber rechts und links neben der Türe, siehe Foto, anbringen. Mit dem Holzspieß den Golddraht kringeln, diesen auf der hinteren Schleife befestigen und die Herzen an den Enden anbringen. Die Röschen kürzen und mit Heißkleber auf die Schlaufen kleben.

5. Den Geldschein zu einem kleinen Rechteck falten und mit einem Klebekissen auf der Tür befestigen. Die ovalen Schmucksteine mit der Pinzette und Kleber auf der Karte oberhalb des Kutschendachs fixieren. Den orangenfarbenen Schmuckstein mit Klebepad auf dem Geldschein anbringen. Nun die Karte mit dem Schriftzug und den Herzen verzieren.

Material

- *Glitzerkarton in Beige*
- *Fotokarton in Pink und Gold*
- *Transparentpapier Primavera „Roma" in Gold*
- *2 Schmuckstein-Herzen, 8 mm, in Transparent und Pink*
- *1 Schmuckstein, Ø 5 mm, in Orange*
- *3 Schmucksteine, oval, 10 mm, in Orange*
- *2 Satinröschen, 8 mm, in Altrosa*
- *Satinband, 5 mm, in Creme*
- *dünner Golddraht*
- *Klebeschrift und -herzen in Gold*
- *Klebezierstreifen in Gold*
- *Transparentpapier*
- *Bleistift, Lineal, Cutter, Schere*
- *Konturenschere*
- *Falzbein, Pinzette, Holzspieß*
- *Klebekissen, Alleskleber, Klebepad*
- *Heißklebepistole*
- *Geldschein*

Vorlage 5 a–c, Bogen A

Zur Hochzeit

Ein glückliches Brautpaar

1. Das Brautpaar mit Transparentpapier vom Vorlagenbogen auf das Holz übertragen, aussägen und sorgfältig die Kanten abschleifen. Danach die Standfüße zusägen, die Figuren darauf festschrauben und zusätzlich verleimen.

2. Das Brautpaar wie auf dem Foto zu sehen, bemalen und trocknen lassen. Für beide Figuren mit einem Holzbohrer ein Loch gemäß Markierung auf der Vorlage bohren. Durch diese werden später der Blumenstrauß bzw. das Brusttuch und die Blume gesteckt.

3. Für den Schleier zwei Rechtecke aus dem Tüllband zurechtschneiden, raffen und mit Heißkleber seitlich am Kopf der Braut anbringen. Für den Brautstrauß Geldschein zuerst quer der Schmalseite entlang zu einer Ziehharmonika falten, dann in der Mitte knicken. Diesen Vorgang mit 3 weiteren Geldscheinen wiederholen. Nun die Seiten mit einem Klebefilm jeweils so verbinden, dass ein Kreis entsteht. Die Blümchen in der Mitte durchstecken, den Strauß straff mit Draht zusammenbinden. Diesen durch das vorgebohrte Loch hindurchstecken und das Drahtende so verdrehen, dass der Strauß fest sitzt.

4. Einen weiteren Geldschein ebenfalls quer in der Mitte, dann zu einem Fächer falten und an einem Ende straff mit Basteldraht umwickeln. Auffächern, mit der Stoffblume durch das beim Bräutigam vorgebohrte Loch stecken und den Draht ebenfalls hinten fest verdrehen.

5. Das Paar nach Wunsch mit Flitter verzieren. Dazu den Flitter am besten in die noch feuchte Farbe einstreuen.

Material

- *Sperrholz, 8 mm stark, 30 x 40 cm*
- *Holzreste, jeweils 12 x 8 cm, für die Standfüße*
- *Bleistift*
- *Stichsäge, Schleifpapier*
- *4 Holzschrauben*
- *Tüllband 1 m, ca. 13 cm breit*
- *Flitter in Silber*
- *8 Stoffblümchen in Weiß*
- *Transparentpapier*
- *Acrylfarbe in Bordeaux, Weiß, Schwarz, Hautfarbe, Mittelbraun und Metallic-Silber*
- *Pinsel*
- *Holzleim, kleiner Holzbohrer*
- *Heißkleber*
- *Klebefilm, Basteldraht, Schere*
- *Geldscheine*

Vorlagen 6 a–b, Bogen B

Für das gemeinsame Nest

1. Mit dem Transparentpapier die Motivteile für das Haus auf die Rückseite der Kartons bzw. der Wellpappe übertragen. Tauben und Flügel jeweils zweimal aufmalen. Die Motivteile ausschneiden. Für das Haus und das Dach Cutter und Lineal verwenden. Mit der Lochzange den markierten Punkt auf der Vorderseite des Häuschens ausstanzen.

2. Mit dem Falzbein die gestrichelten Linien falzen und knicken. Das Haus an den Klebelaschen zusammenkleben. Das Dach knicken und den markierten Punkt mit der Lochzange ausstanzen. Beide Enden des Satinbands durchziehen und unten verknoten. Die beiden markierten Punkte für die Silberdrähte mit der Sticknadel durchstechen. Je zwei Stücke Silberdraht spiralartig um den Holzspieß drehen, abziehen. Die Drähte durch das Dach führen und von innen mit Klebefilm befestigen. Nun das Dach aufkleben.

3. Für die Schmucksteine den Alleskleber dünn um das ausgeschnittene Herz auf der Vorderseite herum auftragen und die Schmucksteine mit der Pinzette aufsetzen.

4. Für die Sitzstange das Rundholz rot bemalen, trocknen lassen und mit der Säge auf 2,5 cm kürzen. Sitzstange mit Heißkleber im gestanzten Loch befestigen. Den Geldschein zu einer Fliege falten und mit dem Satinband straff in der Mitte umwickeln. Die Fliege am Satinband mit einem Klecks Heißkleber auf der Sitzstange befestigen.

5. Die Flügel der Tauben mit dem Falzbein wölben. Mit dem Holzspieß die Augen in Silber aufsetzen. Tauben mit einem Klecks Heißkleber auf den Drähten befestigen.

6. Das beschriftete Schild aus dem Vorlagenbogen ausschneiden oder kopieren und auf das in Punkt 1 ausgeschnittene rote Karton-Herz kleben. Dann das Herz mit etwas Heißkleber auf dem Satinband anbringen.

Material

- *Bastelkarton in Rot mit weißen Herzen*
- *Wellpappe in Rot*
- *Satinband, 3 mm, in Rot*
- *20 Schmucksteine, Ø 5 mm, klar*
- *dünner Silberdraht*
- *Rundholz, Ø 6 mm*
- *kleine Säge*
- *Acrylfarbe in Zinnoberrot und Silber*
- *Pinsel*
- *Transparentpapier*
- *Bleistift, Lineal*
- *Cutter, Schere, Falzbein*
- *Lochzange, spitze Sticknadel*
- *Holzspieß, Pinzette*
- *Alleskleber, Heißklebepistole, Klebefilm*
- *Geldschein*

Vorlagen 7 a–d, Bogen B

Für euer
gemeinsames
Nest

Festliche Hochzeitsglocken

1. Die Glocke mit der Seidenkordel umwickeln. Dazu oben bei der Aufhängung mit der Scherenspitze ein Loch vorbohren. Die Kordel mit Heißkleber im Loch versenken. Nach und nach Klebstoff auf die Glocke auftragen und die Kordel dicht an dicht aufkleben. Das Ende der Kordel wieder in der Glocke versenken.

2. Mit der Schlingenborte den unteren Rand der Glocke verzieren. Die verschiedenen Schmucksteine mit der Pinzette dekorativ aufkleben. Das Satinband mit der Sticknadel durch die Aufhängung der Glocke ziehen. Das Band zu einer Aufhängeschlaufe verknoten.

3. Den Geldschein zu einer Fliege falten. Die Mitte mit dem Draht straff umwickeln und die Drahtenden miteinander verdrehen. Die Fliege mit einem Klecks Heißkleber (auf dem Draht) auf der Aufhängung anbringen. Zwei Satinröschen kürzen und auf beiden Seiten vor der Fliege ankleben. Zwei Schleifen aus Satinband binden und hinter den Rosen befestigen.

4. Für den Schlegel, das Satinband zu einer Schlaufe legen. Die Enden des jeweiligen Bandes mit einem Klecks Heißkleber zwischen zwei Münzen kleben. Die Schlaufe mit der Stecknadel im Inneren der Glocke feststecken.

5. Ein Schild aus weißen Karton, entsprechend der Größe der Klebeschrift, zuschneiden. Die Schrift mit der Nadel vom Trägerpapier abheben und auf das Schild kleben. Einen Blumen-Schmuckstein links oben auf dem Schild anbringen und dieses zum Schluss mit etwas Heißkleber an dem Aufhängeband fixieren.

Material

- *2 Styropor-Glocken, 7 cm hoch*
- *Seidenkordel, Ø 4mm, in Weiß (8 m für 2 Glocken)*
- *Satinband, 3 mm breit, in Weiß*
- *4 Satinröschen, 8 cm, mit Strasssteinen*
- *Schmucksteine, Ø 5 mm, klar*
- *Schmuckstein-Herzen, 8 mm, klar*
- *Schmuckstein-Blumen, 12 mm, klar*
- *Schlingenborte*
- *Fotokarton in Weiß*
- *Klebeschrift in Silber*
- *dünner Silberdraht*
- *Bleistift, Lineal*
- *spitze Sticknadel, Pinzette*
- *2 Stecknadeln*
- *Schere, Alleskleber*
- *Heißklebepistole*
- *2 Geldscheine und 4 Münzen*

Zur Vermählung

Ein herziges Duo

1. Den Tapetenkleister nach Herstellerangabe anrühren. Die Holzspieße mit einem Klecks Kleber in die Styroporherzen stecken. Das Strohseidenpapier in kleine Stücke reißen. Die Papierstücke nacheinander leicht überlappend auf die Herzen kleben und mit dem Kleister überstreichen. Herzen am besten über Nacht trocknen lassen.

2. Die Wattekugeln als Nasen auf die Herzen kleben. Herzen, Nasen und Spieße rot bemalen. Trocknen lassen. Mit dem feinen Pinsel Augen und Mund aufmalen. Die Konturen dazu entweder von der Vorlage übertragen oder frei Hand gestalten. Die Mundwinkel und die weißen Lichtreflexe mit der Holzspießspitze aufsetzen. Die Hände in Hautfarbe bemalen und trocknen lassen.

3. Den Chenilledraht für jede Figur auf 25 cm kürzen. Den Draht eng um einen Holzspieß wickeln, abziehen und ein wenig auseinanderziehen. Den Draht in der Mitte einmal um den Holzspieß der Figur wickeln und mit Heißkleber befestigen. Die Holzhände jeweils links und rechts am Ende des Drahtes mit Heißkleber anbringen.

4. Den Zylinder aufkleben. Für die Fliege den Geldschein zuerst quer in der Mitte und dann wie eine Ziehharmonika falten, anschließend mittig straff mit dem Draht umwickeln. Drahtenden ineinander verdrehen. Das Satinband um den Draht wickeln. Die Fliege nun mit einem Klecks Heißkleber auf dem Chenilledraht befestigen. Das Satinröschen kürzen und auf den Spieß kleben.

5. Für den Schleier das Spitzenband auf 16 cm zuschneiden und fächerartig falten. In der Mitte zusammennehmen, straff mit Draht abbinden. Schleier von hinten gegen das Herz kleben. Ein kleines Stück Spitzenband auf einer Seite raffen und abbinden. Mit dem Nagelbohrer ein Loch oben in die Mitte des Kopfes bohren. Den Spitzenfächer mit einem Klecks Heißkleber hineinstecken. Für den Fächer den Geldschein zuerst quer in der Mitte und dann wie eine Ziehharmonika falten. Die Ränder auf einer Seite mit Klebefilm so verbinden, dass ein Fächer entsteht. Das Satinröschen kürzen und in die Fächermitte stecken. Den Rosenstiel mit Heißkleber auf dem Spieß fixieren.

6. Die Hände der Braut auf den Holzspieß kleben. Den Arm des Bräutigams einhängen und mit Kleber befestigen. Zum Schluss die Holzspieße im unteren Bereich über Kreuz in den Topf der Pflanze stecken.

Material

- 2 Styropor-Herzen, bauchig, 5 x 7 cm
- 2 Wattekugeln, Ø 10 mm
- 4 Holzhände, 12 x 24 mm
- 2 Holzspieße
- 1 Velour-Zylinder, 26 mm hoch
- Chenilledraht, 9 mm stark, in Rot
- Satinband, 3 mm breit, in Rot
- Spitzenband, 7 cm breit, in Weiß
- 2 Satinröschen mit Strassstein, 12 mm, in Weiß
- Acyrlfarbe in Zinnoberrot, Schwarz, Weiß und Hautfarbe
- Pinsel, rund, Nr. 10 und Nr. 1
- Strohseidenpapier
- Holzspieße
- Tapetenkleister
- Schere
- dünner Basteldraht
- Nagelbohrer, Heißklebepistole, Klebefilm
- Geldscheine

Vorlage 8, Bogen A

Hochzeitstorte

1. Das Brautpaar mit Transparentpapier vom Vorlagenbogen auf die entsprechenden Tonpapiere übertragen und ausschneiden. Kleid, Anzug, Haare und Zylinder jeweils 2-mal zuschneiden. Alle Teile zusammenkleben, die doppelt ausgeschnittenen gegengleich fixieren und die Gesichter aufmalen. Auf dem Brautkleid die rosa Streublüten und auf dem Frack des Bräutigams ein rotes Herz anbringen.

2. Aus dem cremefarbenen Tonkarton für den unteren Teil der Torte einen großen Kreis (Ø 19 cm zzgl. 1 cm Kleberand rundherum) und einen langen Streifen von 7 x 62 cm ausschneiden. Für den oberen Teil der Torte einen kleineren Kreis (Ø 6 cm, ebenfalls mit Kleberand) und einen Streifen von 5 x 40 cm ausschneiden. Bei den Streifen auf allen vier Seiten etwas Kleberand zugeben. Die Kreise und die Streifen zusammenkleben, siehe Foto, dabei den Kleberand der Kreise vorher im Zickzack einschneiden.

3. An den oberen Rändern der Torte mit Alleskleber die rote Kordel befestigen.

4. Nach Wunsch beliebig viele Herzen aus den verschieden farbigen Tonpapieren ausschneiden oder ausstanzen und auf der Torte mit Kleber oder 3-D-Klebekissen anbringen (siehe verschiedene Herzvorlagen auf Vorlagenbogen B).

5. Die Geldscheine rollen, mit dem Bouillondraht umwickeln und mit Klebekissen dekorativ rundum an der Torte anbringen.

6. Zum Schluss das Brautpaar oben auf die Torte kleben und nach Wunsch rosafarbene Blüten dekorativ ausstreuen.

Material

- *Fotokarton in Creme*
- *Tonpapier in Weiß, Schwarz, Rot, verschiedenen Rosatönen und Hautfarbe*
- *Flachkordel 1,5 m lang, 1 cm breit, in Rot*
- *Streublüten, Ø 8 mm, in Rosa*
- *Motivstanzer „Herz"*
- *Bouillondraht in Silber*
- *Klebekissen*
- *Alleskleber*
- *Transparentpapier*
- *schwarzer Filzstift*
- *Pinzette*
- *Schere*
- *Geldscheine*

Vorlagen 9 a–b, Bogen B

20

Impressum

Entwürfe und Realisation:
Petra Boniberger (Seiten 7, 21, 25–29),
Dorotheé Vogler (Seiten 9–19, 23, 31)
Redaktion: Petra Hassler
Lektorat: Martina Klose
Fotos: Oswald Visuelle Medien (Seiten 3, 5, 9, 15, 23),
Top Life Studio Rainer Sprenger (alle übrigen)
Styling: Oswald Visuelle Medien, Sigrid Manthey
Umschlaggestaltung: Thorsten Weßel
Layout und Produktion: buchkonzept@web.de
Druck und Verarbeitung: J. P. Himmer GmbH,
Augsburg

ISBN 978-3-89858-998-7
Art.-Nr. 998

Herstellerverzeichnis

Marabuwerke GmbH & Co. KG, Tamm
KnorrPrandell GmbH, Lichtenfels
Rayher Hobby GmbH, Laupheim

alle über Hobby- und Bastelfachhandel